Cuban Spanish 101

Complete Bilingual Guide to the Unique Words & Expressions of the Island of Cuba

CubanSpanish101

Copyright © 2016-2018 CubanSpanish101.com

All rights reserved.

Preface

Cuba is an intriguing place because of its rich and controversial history.

When people think of Cuba, images of 1950's American cars in pristine condition and soulful dancing come to mind.

Changing relationships between the US and Cuba, and the large expat community that lives in Miami and other places make now a great time to understand the people and the language of the largest Caribbean island.

Cuba has a unique culture and people, which has given rise to a distinct way of speaking Spanish.

This guide is your insider's guide to decoding the unique language and culture of the Cuban people.

Why I Created this Book

I grew up in the United States speaking only English.

When I first learned Spanish, I learned from a textbook in a public school classroom.

I quickly found that when I left the country for the first time, I was ill equipped to speak Spanish with real people.

And I had completed through level 6 of Spanish at the academic level.

When I became a language coach, I realized that many of my clients faced the same issue.

Since then, I have been passionate about teaching people authentic Spanish the way it's spoken by real people.

This book is one in a series of bilingual guides that provides insight into the Spanish language as it is spoken in daily life.

What this Book Is Not

This book is not a Cuban travel guide or history book. It is also not my opinion of Cuba, or an outsider's view of the island. I did not come up with the phrases in this book; rather, they were sourced from native Spanish speakers from Cuba that are intimately familiar with the language and use it every day.

What this Book Is

This book is a curated list of common Cuban phrases and expressions compiled by Cubans.

Each word and expression is provided in both English and Spanish, with several examples to give you the real context in which the words are used.

I hope you enjoy this opportunity to get insight into the language of Cuba.

Tamara Marie
Certified Language Coach

Cuban Spanish 101

Bilingual Guide to the Unique Words and Expressions of the Island of Cuba

Contents

1: What is Cuban Spanish?...............7

2: Cuban Words and Expressions.................9

3: Uncensored Cuban Spanish...................68

CubanSpanish101

Do you have a hard time understanding spoken Cuban Spanish?

Enroll in the Cuban Spanish 101 course now & train your ear to understand the Cuban Spanish accent

http://courses.cubanspanish101.com

{ Your First Lesson is FREE! }

Enroll now and you'll get lifetime access to:

Audio recordings of authentic dialogues with **native Cuban Spanish speakers**

Slow-speed version of each dialogue so you can **understand every word** *(Cubans speak fast!)*

Complete **line-by-line transcript** of each dialogue with English translation

Downloads of all audio and transcripts (.mp3, .pdf)

BONUS: Cuban Music Pack with lyrics and English translations of amazing Cuban songs

---

GET 15% OFF!
USE COUPON CODE:
HAVANA

What is Cuban Spanish?

Cuba is a Caribbean island with a distinct culture, history, and diverse population. The Spanish spoken in Cuba is unique in the way people speak, the vocabulary, and colloquial expressions that are used.

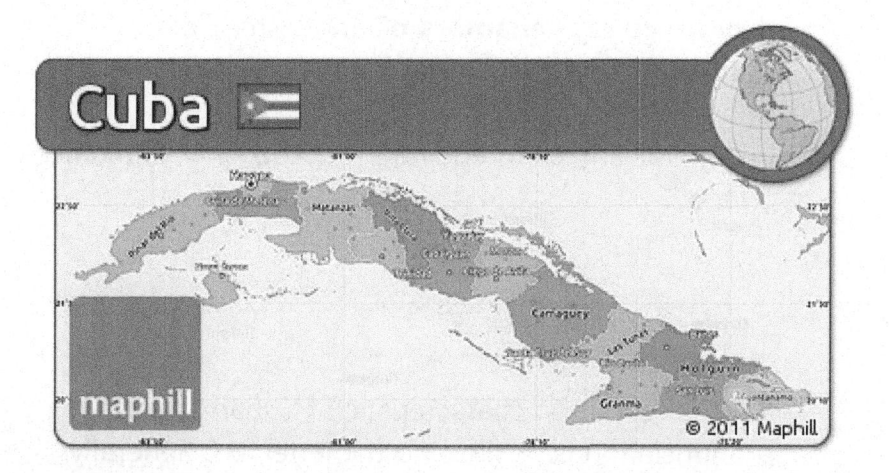

The Cuban Accent

It's often said Cubans speak with a mouth full of marbles...a very relaxed but fast-paced way of speaking Spanish.

Here are a few features you may notice when listening to Cuban Spanish speakers.

The Disappearing Letter "D"

One of the distinct characteristics of Spanish spoken in Cuba and other Caribbean islands is omitting the letter "D" in spoken language. When the letter "D" appears between two vowels, Cubans usually don't pronounce it.

For example, instead of saying **"enamorado"** (in love), they would say **"enamora'o"** and instead of **"cansado"** (tired), they would say **"cansa'o."**

In general, any word ending in **"...ado"** will sound like **"...a'o".**

Swallowing the Letter "S"

Another common characteristic of Cuban Spanish pronunciation is swallowing the letter "S." Generally, the letter "S" is not pronounced.

This is noticeable at the end of words, but also applies to the "S" letter or sound at the beginning in the middle of some words as well.

The word **"pescado,"** for example, pronounced **"pe'ca'o"** (recall the disappearing letter "D" also).

Cuban Words and Expressions

1. Al mal tiempo, buena cara 14
2. Al pan pan y al vino vino 14
3. Arranca'o/Arrancá 14
4. Asere 15
5. Bicitaxi 15
6. Bola 15
7. Botero 16
8. Bravo/Brava 16
9. Bronca 17
10. Caballero 17
11. Cabezón/Cabezona 17
12. Candela 18
13. Cazuelero/Cazuelera 19
14. Chavo 19
15. Chivato/Chivata 20
16. Coco 20
17. Coger 21
18. Cola 22
19. Consorte 22
20. Cuando el río suena, piedras trae 23
21. Culillo (Tener un) 23
22. Dale 23
23. Descara'o/Descará 24
24. Donde comen dos comen tres 25
25. El que no llora no mama 25

26.	El que no tiene de congo, tiene de carabalí	25
27.	Emprenda'o/Emprendá	26
28.	Estar de Carnaval	27
29.	Estar en la Fuácata	27
30.	Estar Hecho/Hecha	28
31.	Exagera'o/Exagerá	29
32.	Fajarse	29
33.	Forro	30
34.	Fósforo	31
35.	Fresco/Fresca	31
36.	Fula	32
37.	Gallego/Gallega	32
38.	Gao	33
39.	Grajo	33
40.	Guagua	34
41.	Guajiro	34
42.	Guano	34
43.	Guapería	35
44.	Guapo/Guapa	35
45.	Habanero/Habanera	36
46.	Hay moros en la costa	36
47.	Hembrota	37
48.	Jaba'o/Jabá	38
49.	Jama	38
50.	Jamar	39
51.	Java	39
52.	Jeva	40

53.	Jicotea	40
54.	Lonchera	41
55.	Maduro	41
56.	Majadero/Majadera	41
57.	Mala Hoja	42
58.	Más viejo que andar a pie	43
59.	Matancero/Matancera	43
60.	Meter la cuchareta	44
61.	Mongo/Monga	45
62.	Moros y cristianos	45
63.	Mulato/Mulata	46
64.	Nene/Nené	46
65.	Palestino/Palestina	47
66.	Pan (Comerse un)	48
67.	Pantalloso/Pantallosa	48
68.	Paquete	49
69.	Pasta	49
70.	Pelota	50
71.	Pesa'o/Pesá	50
72.	Pila	51
73.	Piñazo	52
74.	Pinchar	52
75.	Pirata	53
76.	Pitillo	53
77.	Plata	54
78.	Porsia	54
79.	Puro	55

80.	¿Qué volá? (¿Qué bolá?)	55
81.	¿Qué vuelta?	56
82.	Quedarse en la página dos	56
83.	Quema'o/Quemá	57
84.	Quilo (Kilo)	57
85.	Radio Bemba	58
86.	Relajo	58
87.	Rumba	59
88.	Salir Manda'o/Mandá	60
89.	Santiaguero/Santiaguera	60
90.	Sardina	60
91.	Ser más rollo que película	60
92.	Socio/Socia	61
93.	Solar, Botarse pa'l	61
94.	Son	62
95.	Tata	62
96.	Tirar un cabo	62
97.	Tita	63
98.	Titi	63
99.	Toca'o/Tocá	63
100.	Tonga	63
101.	Tortillera	64
102.	Totazo, Darse un	64
103.	Trusa	65
104.	Tumbando, Irse	65
105.	Vacilar	65
106.	Yuma	66

107. Zicote 66
108. Zopenco/a 67

Cuban Spanish Words and Expressions

1. Al mal tiempo, buena cara
(refrán)
(saying)
Look on the bright side

2. Al pan pan y al vino vino
(refrán)
(saying)
call things what they are

3. Arranca'o/Arrancá
(adjetivo)
Que no tiene dinero o que tiene muy poco dinero.
(adjective)
Having very little or no money; broke.

Sinónimos (Synonyms): **pela'o/pelá** (broke)

Ejemplos:

- No puedo pagar la cuenta hoy, estoy arranca'o.
  I can't pay the bill today, I'm broke.

- María dice que no me puede pagar hasta el próximo mes porque está arrancá.

Maria says she can't pay me until next month because she's broke.

4. Asere
(sustantivo - masculino)
Amigo
(noun)
Dude; friend, only used among men.

Example:

Daniel salió en bici a encontrarse con sus aseres.
Daniel left on his bike to meet with his friends.

5. Bicitaxi
(sustantivo -masculino)
bike-taxi

6. Bola
(sustantivo - femenino)
Pedazo de información no confirmada que corre entre personas; chisme.
(noun)
Piece of unsubstantiated information that goes around; gossip.

Sinónimos (Synonyms): **chisme, rumor, radio bemba**
(gossip, rumor, word on the street)

Ejemplos:

- Oye, espera que te cuente esta bola...
  Hey, wait 'till you hear this...

- La bola es que la muchacha está en estado.
  The word on the street is that the young lady is pregnant.

7. Botero
(sustantivo - masculino)
old car for public transport; its driver

8. Bravo/Brava
(adjetivo)
Que está enfadado o molesto.
(adjective)
Being angry or bothered; pissed off.

Sinónimos (Synonyms): enoja'o/enojá, molesto/a
(bothered, angry, pissed off, ticked off)

Ejemplos:

- Marcos está bravo con Felipe porque no le gustó el chiste.
  Marcos is angry at Felipe because he didn't like the joke.

- No te pongas brava, fue sin querer.
  Don't get mad, it was an accident.

9. Bronca
(sustantivo - femenino)
Un desacuerdo verbal o físico entre personas.
(noun)
A physical or verbal disagreement between people.

Sinónimos (Synonyms): **pleito, fajazón, pelea, problema** (dispute, fight, struggle, problem)

Ejemplos:

- Señor, yo no quiero bronca con usted. Déjame en paz.
  Sir, I don't want any problems with you. Leave me alone.

- Se fue a buscar bronca con el dependiente de la tienda.
  He went looking for problems with the associate from the store.

10. Caballero
(sustantivo – masculino)
Gentleman, guy, man

11. Cabezón/Cabezona
(sustantivo - masculino/femenino)
Persona que comete errores por tonta o por terca.
(noun)
A person that makes mistakes on account of silliness or stubbornness.

Sinónimos (Synonyms): **tonto/a, bobo/a** (silly, dummy)

Ejemplos:

- Mira, cabezón, es muy fácil.
  Look, dummy, it's really easy.

- Ángela es una cabezona; siempre lava los platos sin jabón.
  Angela is a dummy; she always washes the dishes without soap.

12. Candela

1. (sustantivo - femenino) El fuego.
2. (adjetivo) Que es caprichoso y difícil de aguantar; fogoso.
1. (noun) Fire.
2. (adjective) Being unpredictable or hard to deal with; fiery.

Sinónimos (Synonyms): **tremendo/a, de ampanga, fogoso** (over-the-top, all-that, fiery)

Ejemplos:

- José es candela; cuídate de él.
  José is a fiery one; watch out for him.

- Prendieron candela al carro.
  They lit the car on fire.

13. Cazuelero/Cazuelera
(sustantivo - masculino/femenino)
La persona que se involucra en los asuntos de otros, muchas veces para después difundir la información.
(noun)
Person that involves themselves in the business of others, often to later spread the information.

Sinónimos (Synonyms): **metido/a, metiche** (meddler, brown-noser)

Ejemplos:

- A ti nadie te llamó, mira que tú eres cazuelera.
  Nobody called you, you're such a brown-noser.

- Él es cazuelero pero no es chivato, no te preocúpes.
  He's a brown-noser but not a snitch, don't worry.

14. Chavo
(sustantivo - masculino)
El peso cubano.
(noun)
Cuban peso.

Sinónimos (Synonyms): **peso, chavito** (cuban peso, buck)

Ejemplos:

- Estoy arranca'o, no tengo ni un chavito.
  I'm broke, I don't have a single buck.

- El libro cuesta 20 chavos; está barato.
  The book costs 20 pesos; it's cheap.

15. Chivato/Chivata
(sustantivo - masculino/femenino)
La persona que cuenta información a las autoridades para congraciarse con ellos o para lastimar a los otros; soplón.
(noun)
Person that gives the authorities information to ingratiate themselves with them or to hurt the others; snitch.

Sinónimos (Synonyms): **soplón/a** (snitch)

Ejemplos:

- Ten cuidado de lo que digas porque ese señor ahí es un chivato.
  Be careful of what you say because that man there is a snitch.

- Ese chivato me tiene muy bravo, ¿dónde está?
  That snitch pissed me off. Where is he?

16. Coco
1. (sustantivo - masculino) Fruta tropical.

2. (sustantivo - masculino) La cabeza del humano.
1. (noun) Tropical fruit.
2. (noun) The human head.

Sinónimos (Synonyms): **cabeza** (head)

Ejemplos:

- Me di en el coco con la puerta.
  I smacked my head on the door.

- Víctor tiene un chichón en el coco.
  Victor has a bump on his head.

17.   Coger

1. (verbo) Acción de agarrar o sostener una cosa.
2. (interjección) Interjección que significa que el hablante quiere que le recibas algo: "coge."
1. (verb) The action of grabbing or holding something.
2. (interjection) Interjection meaning that the speaker wants you to take something they are handing you: "here."

Sinónimos (Synonyms): **agarrar, sostener, "toma"** (to grab, to hold, "here")

Ejemplos:

- Coge el niño que se va a caer.
  Grab the baby or he's going to fall.

- Coge, tres chavos.
  Here you go, three bucks.

18. Cola
1. (sustantivo - femenino) Fila de personas, generalmente esperando algún servicio.
2. (sustantivo - femenino) Las nalgas.
1. (noun) A line of people, generally waiting for some service.
2. (noun) The buttocks.

Sinónimos (Synonyms): línea, fila, nalgas, culo (line, row, buttocks, ass)

Ejemplos:

- Había una tremenda fila en el aeropuerto.
  There was a huge line at the airport.

- La bailadora esa tiene una cola musculosa.
  That dancer has a muscular butt.

19. Consorte
(sustantivo - masculino)
El amigo (sólo se usa con/entre los hombres)
(noun)
A friend (only used for/among men)

Sinónimos (Synonyms): amigo, socio, ambia, bróder (friend, partner, buddy, bro)

Ejemplos:

- Oye, consorte, ¿cómo estás tú?
  Hey, bro, how are you?

- El consorte de Juan nos va a traer la plata.
  Juan's friend is going to bring us the money.

20. Cuando el río suena, piedras trae
(refrán)
(saying)
where there's smoke there's fire

21. Culillo (Tener un)
(sustantivo - masculino)
Prisa o afán por irse de alguna parte o por terminar algo.
(noun)
Feeling of being in a rush to leave or finish something.

Sinónimos (Synonyms): **prisa, afán** (rush)

Ejemplos:

- Mi hermana tiene un culillo, está loca por irse.
  My sister is in a rush, she's dying to leave.

- El señor tenía un culillo y se fue sin pagar.
  The man was in a rush and left without paying.

22. Dale

(interjección)
Interjección que demuestra aprobación y que significa 'okay' o 'adelante.'
(interjection)
Interjection demonstrating approval, meaning 'okay' or 'go ahead.'

Sinónimos (Synonyms): okay, O.K., está bien, adelante (okay, O.K., that's fine, go ahead)

Ejemplos:

- Ve tú primero, dale.
  You go first, go ahead.

- Ella me preguntó si quería que me preparara café. 'Dale,' le dije.
  She asked if I wanted her to make me coffee. "Okay" I said.

23. Descara'o/Descará
(sustantivo - masculino/femenino)
La persona que no tiene vergüenza, que sólo actúa por si misma y de una forma deshonrada.
(noun)
Person that feels no shame, that acts purely of self-interest and in a dishonest way.

Sinónimos (Synonyms): egoísta, sin vergüenza (selfish person, shameless, good-for-nothing)

Ejemplos:

- Ese descara'o no cuida a sus hijos. Los visita una vez al año.
That good-for-nothing doesn't take care of his children. He visits them once a year.

- No seas descará y págame lo que me debes.
Don't be shameless, pay me what you owe me.

24. Donde comen dos comen tres
(refrán)
(saying)
where two eat, three eat--there's always enough to go around

25. El que no llora no mama
(refrán)
(saying)
you need to make your needs heard, or they won't be met

26. El que no tiene de congo, tiene de carabalí
(refrán)
Dicho que significa que, en Cuba, la gente es multirracial y que, específicamente, todos tienen un poco de negro.
(saying)

Saying that means that everyone, in Cuba, is multiracial and that, specifically, everyone has a bit of Black in them.

Sinónimos (Synonyms): --- (none)

Ejemplos:

- Juan se cree español porque tiene la piel clara, pero 'el que no tiene de congo tiene de carabalí'
  Juan thinks he's Spanish because he has light skin, but 'he who doesn't have Congo in him, has Carabalí.'

- Todos somos hermanos aquí, 'el que no tiene de congo tiene de carabalí'
  We're all brothers here, 'he who doesn't have Congo in him, has Carabalí.'

27. Emprenda'o/Emprendá
(adjetivo)
Que lleva muchas prendas o joyas.
(adjective)
Wearing many pieces of jewelry.

Sinónimos (Synonyms): estar de carnaval, adornado/a (decked out, adorned)

Ejemplos:

- Se ganó la lotería y ahora anda emprenda'o pa' todos lados.
  He won the lottery and now he goes everywhere decked out.

- La mujer del presidente siempre está emprendá.
  The president's wife is always decked out.

28. Estar de Carnaval
(frase verbal)
Que lleva muchas prendas y está bien vestido, como para el carnaval.
(verb phrase)
Wearing many pieces of jewelry and being well-dressed, as if for a celebration.

Sinónimos (Synonyms): emprenda'o/emprendá
(decked out, dressed to the nines, dressed to kill)

Ejemplos:

- Sonia está de carnaval, ¡mira lo que trae puesto!
  Sonia is dressed to kill, look at what she's wearing!

- Mi amor, estás de carnaval, te ves hermosa.
  My love, you're dressed to the nines, you look beautiful.

29. Estar en la Fuácata
(frase verbal)

Estado de pobreza; no tener nada de dinero.
(verb phrase)
State of poverty; not having any money at all.

Sinónimos (Synonyms): arranca'o/arrancá, pela'o/pelá (broke)

Ejemplos:

- No puedo comprar ni arroz, estoy en la fuácata.
  I can't even buy rice, I'm flat broke.

- ¿Cómo quieres que ahorre? Estoy en la fuácata.
  How do you expect me to save? I'm broke.

30.   Estar Hecho/Hecha
(frase verbal)
Estado de riqueza o poder; que tiene mucha plata o influjo.
(verb phrase)
State of wealth or power; having a lot of money or influence; to have it made.

Sinónimos (Synonyms): estar muy bien (to have it made)

Ejemplos:

- Está hecho en su nuevo trabajo; le están pagando el doble.

She has it made at her new job; they doubled her pay.

- Me gané el concurso y voy a estar hecho.
  I won the contest and I'm about to have it made.

31. Exagera'o/Exagerá
(sustantivo - masculino/femenino)
La persona que es melodramática y que suele exagerar todo hasta mentir.
(noun)
Person that is melodramatic and tends to exaggerate everything to the point of lying.

Sinónimos (Synonyms): **dramático/a, melodramático/a, paquetero/a** (dramatic, drama queen, liar)

Ejemplos:

- No seas exagera'o que yo sólo te llamé dos veces.
  Don't be so dramatic, I only called you twice.

- María dice que se está muriendo de hambre, ¡qué exagerá!
  María says she's dying of hunger. What a drama queen!

32. Fajarse
(verbo)

Acción de pelear física o verbalmente; pelearse.
(verb)
Action of physically or verbally fighting; to fight.

Sinónimos (Synonyms): **pelear, discutir** (to fight, to argue)

Ejemplos:

- Carlos se fajó con Ricardo después de la clase.
  Carlos and Ricardo fought after class.

- Ya, nene, no quiero fajarme contigo.
  Enough, babe, I don't want to fight with you.

33. Forro

1. (sustantivo - masculino) Estafa, engaño, o fraude.
2. (sustantivo - masculino) Error.
1. (noun) Swindle, trick, or fraud; rip off.
2. (noun) Mistake.

Sinónimos (Synonyms): **estafa, engaño, fraude, mala jugada, error** (swindle, trick, fraud, bad play, mistake, rip off)

Ejemplos:

- Están cobrando 15 fulas por cada foto, ¡qué forro!

They're charging $15 for each picture; what a rip off!

- Dios mío, qué forro apostar con esa mano.
  My god, what mistake to bet with that hand.

34. Fósforo
(sustantivo - masculino)
Producto desechable que se usa para prender fuego; una cerilla.
(noun)
Disposable product used to light a fire; a match.

Sinónimos (Synonyms): **cerilla** (match)

Ejemplos:

- Oye, ¿tienes fósforo por ahí?
  Hey, do you have any matches around there?

- Carajo, se me acabaron los fósforos.
  Damn it, the matches ran out.

35. Fresco/Fresca
(sustantivo - masculino/femenino)
La persona que es irrespetuosa e insinuadora.
(noun)
Person that is disrespectful and makes insinuating remarks.

Sinónimos (Synonyms): **irrespetuoso/a** (disrespectful person)

Ejemplos:

- No seas fresco, respétame.
  Don't get fresh, respect me.

- Verdad que tú eres fresco con ella.
  It's true that you're disrespectful toward her.

36. Fula
US dollar

37. Gallego/Gallega
(sustantivo - masculino/femenino)
La persona que es de España.
(noun)
Person from Spain.

Sinónimos (Synonyms): **español(a)** (Spaniard, Spanish)

Ejemplos:

- Tú eres gallego, por eso no lo entiendes.
  You're Spanish, that's why you don't get it.

- Marta dice que se quiere casar con un gallego.
  Martha says she wants to marry a Spaniard.

38. Gao
(sustantivo - femenino)
La vivienda; la casa.
(noun)
Housing; house.

Sinónimos (Synonyms): casa, apartamento, cuarto
(house, apartment, room)

Ejemplos:

- Juan se cansó y se fue pa'l gao.
  Juan got tired and went home.

- El gao de doña Ester es pequeñísimo, ni te puedes estirar.
  Mrs. Esther's house is extremely small, you can't even stretch out.

39. Grajo
(sustantivo - masculino)
Fuerte olor de las axilas.
(noun)
Strong underarm odor.

Sinónimos (Synonyms): --- (none)

Ejemplos:

- Los peloteros tienen peste a grajo al fin de los partidos.
  Baseball players have bad underarm odor after the games.

- Niño, báñate que tienes peste a grajo.
  Child, take a shower, you stink.

40. Guagua
(sustantivo - feminino)
bus

41. Guajiro
(sustantivo - masculino)
farmer, country bumpkin

42. Guano
(sustantivo - masculino)
El dinero; la plata.
(noun)
Money.

Sinónimos (Synonyms): **dinero, plata** (money)

Ejemplos:

- Tengo mi guano debajo del colchón.
  I have my money under the mattress.

- Me encontré guano en la calle.
  I found money in the street.

43. Guapería
(sustantivo - masculino)
Actitud de superioridad y machismo del que se siente invencible; bravuconería.
(noun)
Attitude of superiority and machismo of someone who feels invincible; bravado.

Sinónimos (Synonyms): **bravuconería, habladuría**
(bravado, big talk, pea-cocking)

Ejemplos:

- Oye, deja la guapería que tú no quieres problemas conmigo.
  Hey, forget the pea-cocking, you don't want problems with me.

- La guapería es típico de los hombres cubanos.
  Pea-cocking is typical of Cuban men.

44. Guapo/Guapa
1. (adjetivo) Que es atractivo/a.
2. (adjetivo) Que tiene una mala actitud y se cree lo máximo e invencible.

1. (adjective) Attractive.
2. (adjective) Having a bad attitude and thinking themselves invincible and the best.

Sinónimos (Synonyms): **bonito, lindo, creído, pantalloso** (pretty, handsome, self-centered, show-off)

Ejemplos:

- ¡Qué guapa es mi profesora!
  My professor is so pretty!

- Marlon siempre se hace el guapo.
  Marlon always tries to act tough.

45. Habanero/Habanera
(adjetivo)
De la Habana.
(adjective)
From Havana.

Sinónimos (Synonyms): --- (none)

Ejemplos:

- Mi padre es habanero pero vive en Oriente.
  My father is from Havana but he lives in Oriente.

- Los músicos habaneros son muy buenos.
  Musicians from Havana are very good.

46. Hay moros en la costa
(refrán)
Aviso diciendo que hay un tercero escuchando o vigilando al hablante y oyente.

(saying)
Warning meaning that there is a third party listening or watching the speaker and listener.

Sinónimos (Synonyms): --- (none)

Ejemplos:

- Baja la voz que hay moros en la costa.
  Lower your voice, someone is listening.

- Esconde eso, hay moros en la costa.
  Hide that, someone is watching.

47.   Hembrota
(sustantivo - femenino)
Mujer que es muy guapa y voluptuosa.
(noun)
Woman that is very pretty and voluptuous.

Sinónimos (Synonyms): **cosarrica, caliente** (sweet thing, hot)

Ejemplos:

- Dios mío, mira esa hembrota.
  My god, look at that hot woman.

- La novia de Tomás es una hembrota.
  Thomas' girlfriend is a hot woman.

48. Jaba'o/Jabá

(sustantivo - masculino/femenino)
La persona que es mulata pero que tiene la piel clara.
(noun)
Person that is mulatto but has very light skin.

Sinónimos (Synonyms): **mulato/a** (mulatto, light-skinned)

Ejemplos:

- Mi padre es moreno pero yo salí jaba'o.
  My dad is black but I turned out light-skinned.

- Esa jabá es una hembrota.
  That light-skinned girl is gorgeous.

49. Jama

(sustantivo - femenino)
La comida.
(noun)
Food.

Sinónimos (Synonyms): **comida, alimentos** (food)

Ejemplos:

- No hay jama en mi casa, asere.
  There's no food at my house, dude.

- ¿Dónde está la jama?

Where's the food?

50. Jamar
(verbo)
Acción de comer.
(verb)
The act of eating.

Sinónimos (Synonyms): **comer** (to eat)

Ejemplos:

- ¿Dónde quieres jamar?
  Where do you want to eat?

- Voy a jamar una pizza.
  I'm going to eat a pizza.

51. Java
(sustantivo - femenino)
Bolsa pequeña y de plástico.
(noun)
Small plastic bag.

Sinónimos (Synonyms): **bolsa, bolsita** (bag, baggie)

Ejemplos:

- Dámelo en una javita, por favor.
  Give it to me in a little bag, please.

- No tengo una java para el pan.
  I don't have a bag for the bread.

52. Jeva
(sustantivo - femenino)
La Mujer.
(noun)
Woman.

Sinónimos (Synonyms): **chica, muchacha, mujer** (chick, young lady, woman)

Ejemplos:

- Mira a la jeva caminando.
  Look at the chick that's walking.

- Las jevas de La Habana son bellas.
  The women of Havana are beautiful.

53. Jicotea
(sustantivo - femenino)
La tortuga.
(noun)
Turtle.

Sinónimos (Synonyms): **tortuga** (turtle)

Ejemplos:

- Vi una jicotea el otro día en la playa.

I saw a turtle the other day at the beach.

- Tu marido tiene cara de jicotea.
  Your husband has a turtle-face.

54. Lonchera
(sustantivo – feminino)
food container/lunchbox

55. Maduro
(sustantivo - masculino)
El plátano frito.
(noun)
Fried plantain.

Sinónimos (Synonyms): **plátano frito** (fried plantain)

Ejemplos:

- Tengo ganas de jamar maduros.
  I feel like eating fried plantains.

- Los maduros de Lucía son los más ricos.
  Lucy's fried plantains are the best.

56. Majadero/Majadera
(adjetivo)
Que se comporta muy mal y que molesta mucho.
(adjective)
Being very poorly behaved and being very bothersome.

Sinónimos (Synonyms): **maleducado/a, irritante, jodón/a** (rude, irritating, annoying)

Ejemplos:

- Niño, no seas majadero, pórtate bien.
  Child, don't misbehave, act right.

- Antonio es un niño majadero, nunca se calla.
  Anthony is an unruly child, he never shuts up.

57. Mala Hoja
(frase sustantiva)
Se dice de un mal encuentro sexual o de la persona que no satisfizo a la otra en la cama.
(noun phrase)
Said about a bad sexual encounter or about the person that could not satisfy the other in bed.
(Literally: bad leaf.)

Sinónimos (Synonyms): **gallego/a** (spaniard)

Ejemplos:

- Nunca más me acuesto con Tito, ése es mala hoja.
  I'll never sleep with Tito again, he was terrible in bed.

- Lidia es una hembrota pero es mala hoja.

Lidia is hot, but she's bad in bed.

58. Más viejo que andar a pie
(refrán)
Frase que significa que algo es muy viejo, más viejo que caminar.
(saying)
A phrase meaning that something is very old, older than walking.

Sinónimos (Synonyms): --- (none)

Ejemplos:

- Tu bisabuela tiene 99 años; es más vieja que andar a pie.
  Your great-grandmother is 99, she's older than walking.

- El sexo es más viejo que andar a pie.
  Sex has been around longer than walking.

59. Matancero/Matancera
(adjetivo)
De Matanzas, una provincia cerca de La Habana.
(adjective)
From Matanzas, a province close to Havana.

Sinónimos (Synonyms): --- (none)

Ejemplos:

- Mi abuelo era matancero.
  My grand-father was from Matanzas.

- La Sonora Matancera es un grupo muy famoso.
  The 'Sonora Matancera' is a very famous group.

60. Meter la cuchareta
(frase verbal)
Involucrarse en los asuntos de otros sin pedir permiso o ser invitado.
(verb phrase)
To butt into others' affairs without asking or being invited.

Sinónimos (Synonyms): **ser metido/a, ser metiche, meterse** (to be a meddler, to be a brown-noser, to butt in)

Ejemplos:

- Tú siempre tienes que meter la cuchareta, pero mira, nadie te llamó a ti.
  You always have to butt in, but look, nobody called you.

- Ten cuidado lo que hagas, ésa viene a meter la cuchareta.
  Be careful what you do, she's coming to butt in.

61. Mongo/Monga
(adjetivo)
Que es estúpido.
(adjective)
Stupid.

Sinónimos (Synonyms): **bobo/a, lelo/a** (dumb, slow)

Ejemplos:

- Carmen es monga, mira que perdió la clase tres veces.
  Carmen is dumb, she failed the class three times.

- Mi hijo es tan mongo que ni sabe su propia dirección.
  My son is so dumb that he doesn't even know his own address.

62. Moros y cristianos
(frase sustantiva)
El arroz blanco con frijoles negros.
(noun phrase)
White rice with black beans. (Literally: Moors and Christians.)

Sinónimos (Synonyms): **congrí** (white rice and black beans)

Ejemplos:

- Señora, quisiera moros y cristianos con el bistec.
  Ma'am, I'd like black beans and white rice with the steak.

- No hay moros y cristianos aquí, sólo pizza.
  There's no rice and beans here, just pizza.

63. Mulato/Mulata
(sustantivo - masculino/femenino)
Persona de raza blanca y negra.
(noun)
Person of mixed race, black and white; mulatto.

Sinónimos (Synonyms): --- (none)

Ejemplos:

- Casi todo el mundo es mulato.
  Almost everyone is mulatto.

- Me gusta una mulata que está en mi clase de psicología.
  I like a mulatto girl from my psychology class.

64. Nene/Nené
(sustantivo - masculino/femenino)
Bebé o niño muy joven.
(noun)
Baby or very young child.

Sinónimos (Synonyms): **bebé, niñito/a** (baby, little one)

Ejemplos:

- El nene está llorando; tiene hambre.
  The baby is crying; he's hungry.

- Dejé el nené con su abuela anoche.
  I left the baby with her grandmother last night.

65. Palestino/Palestina
(sustantivo - masculino/femenino)
Persona que no es de La Habana, especialmente si es de Oriente.
(noun)
Someone that is not from Havana, especially if they are from Oriente; outsider.

Sinónimos (Synonyms): **guajiro/a** (country-bumpkin, peasant)

Ejemplos:

- Ése está más perdido que un palestino.
  That guy is more lost than an outsider.

- Soy palestino, de Holguín.
  I'm an outsider, from Holguín.

66. Pan (Comerse un)
(frase verbal)
Hacer algo con mucha facilidad, como si nada.
(verb phrase)
To do something with great ease; no sweat.

Sinónimos (Synonyms): --- (none)

Ejemplos:

- Para mí, doblar la ropa es fácil, como comerme un pan.
  For me, folding clothes is easy, piece of cake.

- Se comió un pan, no sudó en la carrera ni pinga.
  It was a piece of cake, she didn't sweat in the race at all.

67. Pantalloso/Pantallosa
(sustantivo - masculino/a)
La persona que se luce y se jacta.
(noun)
Person that shows off and brags.

Sinónimos (Synonyms): tremendo/a, guapo/a
(braggart, show-off)

Ejemplos:

- Arturo dice que tiene 6 novias--pantalloso.
  Arturo says he has 6 girlfriends--show-off.

- Por ser pantallosa te van a delatar.
  For being a show-off they're going to tell on you.

68. Paquete
1. (sustantivo - masculino) Mentira.
2. (sustantivo - masculino) El pene y los testículos del hombre.
1. (noun) A lie.
2. (noun) The penis and testicles of a man.

Sinónimos (Synonyms): **mentira** (lie)

Ejemplos:

- Julio dice que no se robó nada, ¡que paquete!
  Julio says he didn't steal anything. What a lie!

- A ella le gusta mirar los paquetes de los hombres en la playa.
  She likes to look at men's packages at the beach.

69. Pasta
(sustantivo - femenino)
El dinero.
(noun)
Money.

Sinónimos (Synonyms): **dinero, guano, plata** (money)

Ejemplos:

- Tengo hambre pero no tengo pasta conmigo.
  I'm hungry but I don't have any money on me.

- Lo más importante es la pasta.
  The most important thing is money.

70. Pelota
(sustantivo - femenino)
El béisbol.
(noun)
Baseball.

Sinónimos (Synonyms): **béisbol** (baseball)

Ejemplos:

- En Cuba, la pelota es tan popular como el boxeo.
  In Cuba, baseball is as popular as boxing.

- Jugar pelota en la MLB es el sueño de muchos peloteros cubanos.
  To play baseball in the MLB is the dream of many Cuban ball players.

71. Pesa'o/Pesá
1. (sustantivo - masculino/femenino) La persona que es muy dramática, que toma todo muy en serio y reacciona loca y exageradamente.
2. (sustantivo - masculino/femenino) situación difícil de aceptar.

1. (noun) Person that is very dramatic, that takes everything too seriously and reacts in a crazy and exaggerated manner.
2. (noun) A situation that is difficult to accept.

Sinónimos (Synonyms): **exagera'o/á, acompleja'o/á, jevi, triste** (dramatic, to have a complex, heavy, sad)

Ejemplos:

- **Julio es un pesa'o, se queja de todo.**
  Julio is dramatic, he complains about everything.

- **Dicen que viene un huracán directamente hacia nosotros, ¡qué pesa'o!**
  They say a hurricane is coming directly towards us; how sad.

72. Pila
(sustantivo - femenino)
El grifo de dónde sale el agua.
(noun)
Faucet; spigot from where water comes.

Sinónimos (Synonyms): **grifo** (faucet, spigot)

Ejemplos:

- **Ábreme la pila que me voy a bañar.**
  Turn on the water, I'm going to shower.

- ¿Ustedes no toman agua de la pila?
  You all don't drink tap water?

73. Piñazo
(sustantivo - masculino)
Puñazo; golpe dado con el puño.
(noun)
Punch; hit delivered with the fist.

Sinónimos (Synonyms): **puñazo** (punch)

Ejemplos:

- El papá de Enrique le dio un piñazo en la clase de boxeo.
  Enrique's father punched him in boxing class.

- Se fajaron pero Juan lo terminó con un piñazo fuertísimo.
  They fought but Juan finished it with a very strong punch.

74. Pinchar
(verbo)
Trabajar.
(verb)
To work.

Sinónimos (Synonyms): **trabajar** (to work)

Ejemplos:

- Cuando no hay guano, hay que pinchar.
  When there's no money, it's time to work.

- Me voy temprano mañana a pinchar.
  I'm going to work early tomorrow.

75. Pirata
(sustantivo - feminino)
unlicensed cab driver

76. Pitillo
(sustantivo - masculino)
Instrumento que se usa para beber un líquido nítidamente; absorbente.
(noun)
Instrument used to drink a liquid neatly; straw.

Sinónimos (Synonyms): **absorbente, pajilla** (straw)

Ejemplos:

- El agua de coco se toma con pitillo.
  Coconut water is drunk with a straw.

- ¿Me das un pitillo?
  Can you give me a straw?

77. Plata
(sustantivo - femenino)
El dinero.
(noun)
Money

Sinónimos (Synonyms): dinero, guano, pasta (money)

Ejemplos:

- Oye, ¿dónde está mi plata?
  Hey, where's my money?

- ¡Me robaron toda la plata en la guagua!
  They stole all my money on the bus!

78. Porsia
(adverbio)
Por si acaso; en caso de que.
(adverb)
just in case; in case of.

Sinónimos (Synonyms): por si acaso, en caso de que (in case of)

Ejemplos:

- Lleva un paraguas, porsia.
  Take an umbrella, just in case.

- Traje cerveza, porsia.

I brought beer, just in case.

79. Puro
1. (sustantivo - masculino) Un cigarro.
2. (sustantivo - masculino) El padre.
1. (noun) A cigar.
2. (noun) Father.

Sinónimos (Synonyms): cigarro, tabaco / padre, viejo (cigar / father, old man)

Ejemplos:

- ¿Dónde se consigue un puro barato?
  Where can I find a cheap cigar?

- Mi puro está por llegar.
  My father is about to arrive.

80. ¿Qué volá? (¿Qué bolá?)
(interjección)
Frase que significa "¿Qué tal?" o "¿Cómo estás?"
(interjection)
Phrase meaning "What's up?" or "How are you?"

Sinónimos (Synonyms): qué tal, qué más, cómo estás (what's up, how are you?)

Ejemplos:

- Oye, Mauricio, ¿Qué volá?

> Hey, Mauricio, what's up?

- ¿Qué bolá, consorte?
  What's up, dude?

81. ¿Qué vuelta?
What's up? How are you?

82. Quedarse en la página dos
1. (refrán) Se dice de una persona que no entendió una cosa.
2. (refrán) Significa que una persona que se murió. (saying)
1. (saying) Said about a person that didn't understand something.
2. (saying) Meaning someone has died.

Sinónimos (Synonyms): **estar perdido, no saber dónde está para'o / morirse** (to be lost, to be confused / to die)

Ejemplos:

- Le expliqué cómo funcionan las elecciones democráticas pero se quedó en la página dos.
  I explained to him how democratic elections work, but he didn't understand at all.

- Dicen que el dueño del cine se quedó en la página dos.
  They say the owner of the movie theater died.

83. Quema'o/Quemá

(adjetivo)
Que está loco/a; que no está cuerdo.
(adjective)
Crazy; not mentally stable.

Sinónimos (Synonyms): **loco/a** (crazy)

Ejemplos:

- Hay un tipo en la calle gritando. Creo que está quema'o.
  There's a guy in the street yelling. I think he's crazy.

- Mónica está quemá si piensa que no me voy a preocupar.
  Monica is crazy if she thinks that I'm not going to worry.

84. Quilo (Kilo)

(sustantivo - masculino)
Un centavo.
(noun)
A cent.

Sinónimos (Synonyms): **centavo** (cent)

Ejemplos:

- No tengo ni un quilo.
  I don't even have a cent.

- Me encontré un quilo en el suelo.
  I found a cent on the floor.

85. Radio Bemba
1. (sustantivo - femenino) Chisme que está circulando.
2. (sustantivo - femenino) La persona que lo cuenta.

1. (noun) Word on the street; rumor.
2. (noun) the person that recounts the information.

Sinónimos (Synonyms): **chisme, rumor** (gossip, rumor, word on the street)

Ejemplos:

- Ya llegó radio bemba, a ver qué nos cuenta.
  The gossip arrived, let's see what they tell us.

- ¿Qué dice radio bemba?
  What's the word on the street?

86. Relajo
1. (sustantivo - masculino) Situación excitante; escándalo.
2. (sustantivo - masculino) El sexo.

1. (noun) An exciting situation; scandal.
2. (noun) Sex.

Sinónimos (Synonyms): **escándalo** (scandal)

Ejemplos:

- Tremendo relajo en el banco cuando vieron el video de los empleados singando en un clóset.
  There was a huge scandal at the bank when they saw the video of the employees fucking in the closet.

- Fui con Lisa pa' su casa pa' hacer relajo.
  I went with Lisa to her house to have sex.

87. Rumba
1. (sustantivo - femenino) Tipo de música en Cuba.
2. (sustantivo - femenino) Fiesta.

1. (noun) Type of Cuban music.
2. (noun) Party.

Sinónimos (Synonyms): **fiesta** (party)

Ejemplos:

- La rumba es fundamental en la salsa.
  Rumba is fundamental in salsa music.

- Esta noche hay rumba en el centro.
  Tonight there's a party downtown.

88. Salir Manda'o/Mandá
(frase verbal)
Salir de alguna parte con mucha prisa.
(verbal phrase)
To leave somewhere in a rush.

Sinónimos (Synonyms): **salir vola'o/volá** (to fly out, to take off)

Ejemplos:

- Cuando llegó la policía, Arturo salió manda'o.
  When the police arrived, Arturo flew out of here.

- Nicolás salió manda'o cuando el arbitro pitó.
  Nicholas took off when the referee blew the whistle.

89. Santiaguero/Santiaguera
(sustantivo - femenino)
person from Santiago de Cuba

90. Sardina
(sustantivo - femenino)
skinny woman

91. Ser más rollo que película
to be all talk no walk

92. Socio/Socia

(sustantivo - masculino/femenino)
Amigo cercano.
(noun)
Close friend.

Sinónimos (Synonyms): **amigo, consorte** (friend)

Ejemplos:

- Arturo y Raúl son socios.
  Arturo and Raul are friends.

- Carlos era mi socio pero nos fajamos hace 3 años y ya ni hablamos.
  Carlos was a close friend, but we fought 3 years ago and now we don't even speak.

93. Solar, Botarse pa'l

(frase verbal)
Frase que significa que una situación empeoró mucho.
(verb phrase)
Phrase meaning that a situation has worsened a lot.

Sinónimos (Synonyms): **empeorarse** (to get worse, to hit the fan, to go to shit)

Ejemplos:

- Al principio sólo gritaban pero cuando Clara alzó la mano se botó pa'l solar.
  At first, they were only yelling but when Clara raised her hand it hit the fan.

- Cuando se botó pa'l solar todo el mundo sacó sus cámaras.
  When it hit the fan everyone took out their cameras.

94. Son
(sustantivo - masculino)
Tipo de música cubana fundamental en la salsa.
(noun)
Type of cuban music fundamental to salsa music.

Sinónimos (Synonyms): --- (none)

Ejemplos:

- El son cubano es famoso.
  Cuban 'Son' is famous.

- Mi puro cantaba son en los bares.
  My father used to sing 'Son' in bars.

95. Tata
term of affection for an older brother

96. Tirar un cabo
to lend a hand--but not only through physical labor

97. Tita
term of affection for a grandmother

98. Titi
term of affection for a girlfriend or wife

99. Toca'o/Tocá
(adjetivo/sustantivo - masculino/femenino)
Que tiene un don; talentoso.
(adjective/noun)
Having a gift; talented.

Sinónimos (Synonyms): **talentoso/a, as** (talented, ace)

Ejemplos:

- Federico es un pianista toca'o.
  Frederick is a gifted pianist.

- Mi hija es una tocá para las matemáticas.
  My daughter is an ace at math.

100. Tonga
(sustantivo - femenino)
Una gran cantidad de algo.
(noun)
A big quantity of something.

Sinónimos (Synonyms): **pila, montón** (pile, bunch)

Ejemplos:

- Tengo una tonga de mangos pa' llevar al mercado.
  I have a bunch of mangos to take to the market.

- Había una tonga de gente en el mercado.
  There was a bunch of people at the market.

101. Tortillera
lesbian

102. Totazo, Darse un
(frase verbal)
Pegarse o darse un golpe sin querer, especialmente en la cabeza.
(verb phrase)
To hit oneself by accident, especially in the head.

Sinónimos (Synonyms): **golpearse, pegarse** (to hit yourself)

Ejemplos:

- Me di un totazo esta mañana y me mareé.
  I hit myself this morning and I got dizzy.

- Me di un totazo con el gabinete.
  I ran into the cabinet.

103. Trusa
bathing suit

104. Tumbando, Irse
(frase verbal)
Salir de alguna parte; irse.
(verb phrase)
To leave from somewhere.

Sinónimos (Synonyms): **salir, irse** (to exit, to leave)

Ejemplos:

- Después de la fiesta, Elisa se fue tumbando.
  After the party, Elisa left.

- El ruso se fue tumbando del café.
  The Russian left the café.

105. Vacilar
1. (verbo) Disfrutar; divertirse.
2. (verbo) Bromear.
1. (verb) To enjoy; to have a good time.
2. (verb) To joke around.

Sinónimos (Synonyms): **disfrutar, bromear, burlarse** (to enjoy, to joke, to make fun of)

Ejemplos:

- Estuvo vacilando en la playa.
  She had a good time at the beach.

- No vaciles con Marcos que él es pesa'o.
  Don't joke with Marcos, he's difficult.

106. Yuma

1. (sustantivo - femenino) los Estados Unidos: La Yuma.
2. (sustantivo - masculino/femenino) Un extranjero, especialmente norteamericano.
1. (noun) The United States.
2. (noun) A foreigner, especially North American.

Sinónimos (Synonyms): Estados Unidos / americano/a, gringo/a (United States / American, Yankee)

Ejemplos:

- Toda mi familia se ha ido pa' la Yuma.
  All my family has left for the US.

- Los yumas siempre traen mucha plata.
  Foreigners always bring a lot of money.

107. Zicote

(sustantivo - masculino)
Mal olor de los pies.
(noun)
Bad foot odor.

Sinónimos (Synonyms): **peste** (stench)

Ejemplos:

- Huele a zicote aquí.
  Smells like feet here.

- Necesitamos cremas pa'l zicote.
  We need cream for foot odor.

108. Zopenco/a
(sustantivo - masculino/femenino)
Persona de muy poca inteligencia; imbécil.
(noun)
A person of little intelligence; imbecile.

Sinónimos (Synonyms): **idiota, imbécil, socotroco**
(idiot, imbecile, moron)

Ejemplos:

- Martín es un zopenco, por eso está solo.
  Martin is an idiot, that's why he's alone.

- Me llamó 'zopenco' y le di un piñazo.
  He called me an idiot so I punched him.

Uncensored Cuban Spanish

WARNING: This section contains vulgar words and phrases, so skip this if you are offended by strong language or you only want to know the PG-13 stuff. **You've been warned.**

1. Chocha
2. Chulo
3. Comer Mierda
4. De Madre
5. De Pinga
6. Empinga'o/Empingá
7. Fruta Bomba
8. Jinetero/Jinetera
9. Maricón
10. Ni pinga
11. Pájaro
12. Papaya
13. Pinga
14. Singar
15. Socotroco/Socotroca
16. Tranca

1. Chocha (Vulgar)
(sustantivo - femenino)
El órgano sexual de la mujer; la vagina.
(noun)
Sexual organ of the female; the vagina.

Sinónimos (Synonyms): **vagina, papaya, bollo** (vagina, pussy)

Ejemplos:

- Mira, se le ve la chocha de Manuela por la trusa.
  Look, you can see Manuela's pussy through her bathing suit.

- Las jineteras en La Habana muestran las chochas a los turistas.
  The prostitutes in Havana show tourists their pussies.

2. Chulo
(sustantivo - masculino)
El patrón de las prostitutas; el que les cobra un porcentaje de su ingreso.
(noun)
The boss of prostitutes; he who charges them a percentage of their income; pimp.

Sinónimos (Synonyms): **proxeneta** (pimp)

Ejemplos:

- Los chulos se reúnen en el malecón para negociar.
  The pimps meet at the Malecón to do business.

- El chulo de Julia es candela; siempre tiene una pistola.
  Julia's pimp is a fiery one; he always has a gun.

3. Comer Mierda (Vulgar)

1. (verbo) Acción de no hacer nada productivo; vagar; molestar.
2. (verbo) Acción de mentir o justificar algo indefensible.

1. (verb) The action of not doing anything productive; loafing about; being bothersome.
2. (verb) The action of lying or trying to justify something indefensible; to bullshit.

Sinónimos (Synonyms): **vagar, no hacer nada, joder mentir** (to idle, to not do anything, to fuck around, to lie, to bullshit)

Ejemplos:

- Para de comer mierda y ponte a trabajar.
  Stop fucking around and get to work.

- Ellos no saben nada, están comiendo mierda.
  They don't know anything, they're bullshitting.

4. De Madre (Vulgar)
(adjetivo)
Que es muy malo o muy ridículo; que no es bueno de ninguna forma; jodido.
(adjective)
Being very bad or ridiculous; not good in any way; fucked up.

Sinónimos (Synonyms): **de pinga, espantoso, jodido/a**
(fucked up, frighteningly bad, fucked up)

Ejemplos:

- Eneida tiene un peinado de madre.
  Eneida has a messed up haircut.

- Le dieron una paliza de madre.
  They gave him a horrible beating.

5. De Pinga (Vulgar)
(adjetivo)
Que es muy malo o muy bueno (según el tono); literalmente: 'de pene.'
(adjective)
Being very bad or very good (depending on the tone); literally: 'of penis.'

Sinónimos (Synonyms): **horrible, jodido, buenísimo**
(horrible, fucked up/messed up, great, awesome)

Ejemplos:

- ¡Juan se compró una chaqueta nueva qué está de pinga!
  Juan bought a new jacket that's awesome!

- Ese tipo es un político de pinga.
  That guy is a horrible politician.

6. Empinga'o/Empingá (Vulgar)
(adjetivo)
Que está extremadamente bravo o molesto.
(adjective)
Being extremely angry or bothered; pissed off.

Sinónimos (Synonyms): **bravo/a, enojado/a, molesto/a**
(angry, annoyed, bothered, pissed off)

Ejemplos:

- Félix está empinga'o con su jefe. No lo pagó.
  Felix is pissed off at his boss. He didn't pay him.

- Ella está empingá conmigo porque le engañé.
  She is pissed off at me because I lied to her.

7. Fruta Bomba (Vulgar)
(sustantivo - femenino)

Nombre alternativo de la papaya (porque 'papaya' es 'vagina').
(noun)
Alternative name given to the papaya fruit (because 'papaya' is slang for 'vagina').

Sinónimos (Synonyms): **papaya** (papaya)

Ejemplos:

- La fruta bomba está a dos por uno.
  The papaya is two for one.

- Decimos fruta bomba porque para nosotros la papaya es algo vulgar.
  We call it 'fruta bomba' because for us, 'papaya' is something vulgar.

8. Jinetero/Jinetera (Vulgar)
(sustantivo - masculino/femenino)
La persona que hace el sexo con otra persona por dinero; prostituta/o.
(noun)
Someone who has sex with another for money; prostitute.

Sinónimos (Synonyms): **prostituta/o, puta/o, pinguero** (prostitute, whore, male prostitute)

Ejemplos:

- Raúl es jinetero porque no tiene más remedio.
  Raúl is a prostitute because he has no other choice.

- Las jineteras del malecón son las más caras.
  The prostitutes by the Malecón are the most expensive.

9. Maricón (Vulgar)
(sustantivo - masculino)
Término ofensivo para referirse al hombre homosexual.
(noun)
Offensive term to refer to a homosexual man; faggot.

Sinónimos (Synonyms): **marica, loca** (faggot, flamer)

Ejemplos:

- Ese tipo es maricón.
  That guy is a fag.

- Hay muchos maricones en este barrio.
  There are many fags in this neighborhood.

10.   Ni pinga (Vulgar)
(frase adverbial)
Nada; que no tiene nada de nada con respecto a lo antedicho.

(adverbial phrase)
Nothing; having nothing at all of something aforementioned. (Literally: 'not even dick.')

Sinónimos (Synonyms): para nada (at all, "my ass")

Ejemplos:

- No tengo ni pinga en el refrigerador.
  I don't have anything at all in the fridge.

- Dijeron que venía un huracán pero no vino nada—huracán ni pinga.
  They said a hurricane was coming but nothing came—hurricane my ass.

11. Pájaro (Vulgar)
(sustantivo - masculino)
Término para referirse al hombre homosexual que es muy afeminado.
(noun)
Term referring to a very effeminate homosexual man.

Sinónimos (Synonyms): maricón, marica, loca, mariposa (faggot, fag, flamer, butterfly)

Ejemplos:

- El hijo de Elena es un pajarito.
  Helena's son is a flamer.

- Mi primer novio era un pájaro.
  My first boyfriend was a flamer.

12. Papaya (Vulgar)
(sustantivo - femenino)
La vagina.
(noun)
Vagina.

Sinónimos (Synonyms): **vagina, bollo** (vagina, pussy)

Ejemplos:

- La papaya no es una fruta en La Habana, es la vagina.
  Papaya isn't a fruit in Havana, it's a vagina.

- Esa muchacha tiene los chores muy apretados y se le marca la papaya.
  That chick has shorts on that are too tight and you can see her vagina.

13. Pinga (Vulgar)
1. (sustantivo - masculino) El pene.
2. (interjección) Equivalente a '¡puta!' o '¡mierda!'
1. (noun) Penis.
2. (interjection) Equivalent to 'fuck!' or 'shit!'

Sinónimos (Synonyms): tranca, pito, morrongo/¡coño! (dick/fuck!)

Ejemplos:

- Javi tiene tremenda pinga.
  Javi has a huge dick.

- ¡Pinga! ¿Qué te pasa a ti?
  Fuck! What's your problem?

14. Singar (Vulgar)
(verbo)
Tener sexo; follar.
(verb)
To have sex; to fuck.

Sinónimos (Synonyms): follar, joder, hacer el amor (to fuck, to bang, to make love)

Ejemplos:

- Ana y Juan singaron.
  Ana and Juan fucked.

- Él está buscando una jinetera pa' singar.
  He's looking for a prostitute to fuck.

15. Socotroco/Socotroca (Vulgar)
(sustantivo - masculino/femenino)
Una persona de muy poca inteligencia; idiota.
(noun)
A person of little intelligence; an idiot.

Sinónimos (Synonyms): idiota, lelo/a, lento/a (idiot, dimwit, slow)

Ejemplos:

- Oye, socotroco, esa no es la respuesta correcta.
  Hey, idiot, that's not the right answer.

- Tú hermano es un socotroco, no le hagas caso.
  Your brother is an idiot, don't listen to him.

16. Tranca (Vulgar)

1. (sustantivo - femenino) Palo que se usa para cerrar la puerta con seguro.
2. (sustantivo - femenino) El pene.
1. (noun) Stick used to lock the door; bolt.
2. (noun) Penis.

Sinónimos (Synonyms): pinga, pene, pito (dick)

Ejemplos:

- Cierra la puerta con tranca.

Lock the door with the bolt.

- **Omar tiene la tranca muy grande.**
  Omar has a really big dick.

CubanSpanish101

Do you have a hard time understanding spoken Cuban Spanish?

Enroll in the Cuban Spanish 101 course now & train your ear to understand the Cuban Spanish accent

http://courses.cubanspanish101.com

{ Your First Lesson is FREE! }

Enroll now and you'll get lifetime access to:

Audio recordings of authentic dialogues with **native Cuban Spanish speakers**

Slow-speed version of each dialogue so you can **understand every word** (Cubans speak fast!)

Complete **line-by-line transcript** of each dialogue with English translation

Downloads of all audio and transcripts (.mp3, .pdf)

BONUS: Cuban Music Pack with lyrics and English translations of amazing Cuban songs

---

GET 15% OFF!
USE COUPON CODE:
HAVANA

Made in the USA
Coppell, TX
19 July 2024